Impressum
Verlag: BABADADA GmbH, Nedderfeld 112 , 22529 Hamburg
Geschäftsführer / Verlagsleitung: Harald Hof
Druck: Books on Demand GmbH, In de Tarpen 42, 22848 Norderstedt

Imprint
Publisher: BABADADA GmbH, Nedderfeld 112 , 22529 Hamburg, Germany
Managing Director / Publishing direction: Harald Hof
Print: Books on Demand GmbH, In de Tarpen 42, 22848 Norderstedt

school

sekoly

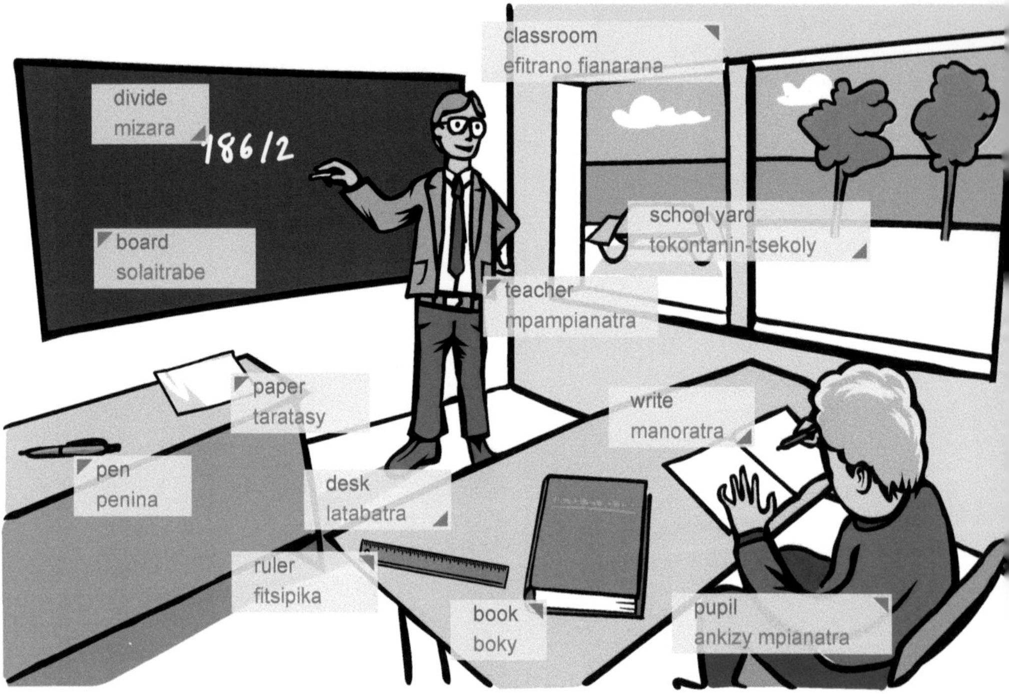
classroom
efitrano fianarana
divide
mizara
186/2
board
solaitrabe
school yard
tokontanin-tsekoly
teacher
mpampianatra
paper
taratasy
write
manoratra
pen
penina
desk
latabatra
ruler
fitsipika
book
boky
pupil
ankizy mpianatra

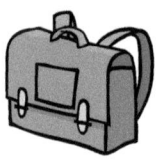

satchel

kitapo

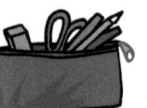

pencil case

torosy

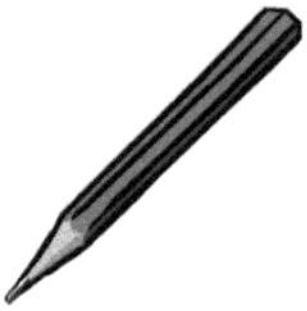

pencil

pensilihazo

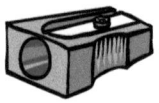

pencil sharpener

fandrangitana pensilihazo

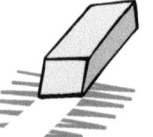

rubber

gaoma

drawing pad

karne fanaovana sary

drawing

sary

paintbrush

borosy fandokoana

paint box

boaty loko

scissors

hety

glue

lakaoly

exercise book

kahie fampiasàna

homework

enti-mody

number

tarehi-marika

add

manampy

subtract

manala

multiply

mampitombo

calculate

mikajy

letter

taratasy

alphabet

abidia

word

teny

text

lahatsoratra

read

mamaky

chalk

tsaoka

lesson

lesona

register

boky fianarana

exam

fanadinana

certificate

sertifikà

school uniform

fanamian'ny mpianatra

education

fiofanana

encyclopedia

raki-pahalalana

university

oniversite

microscope

mikraoskaopy

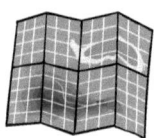

map

sarintany

waste-paper basket

fanariana fako taratasy

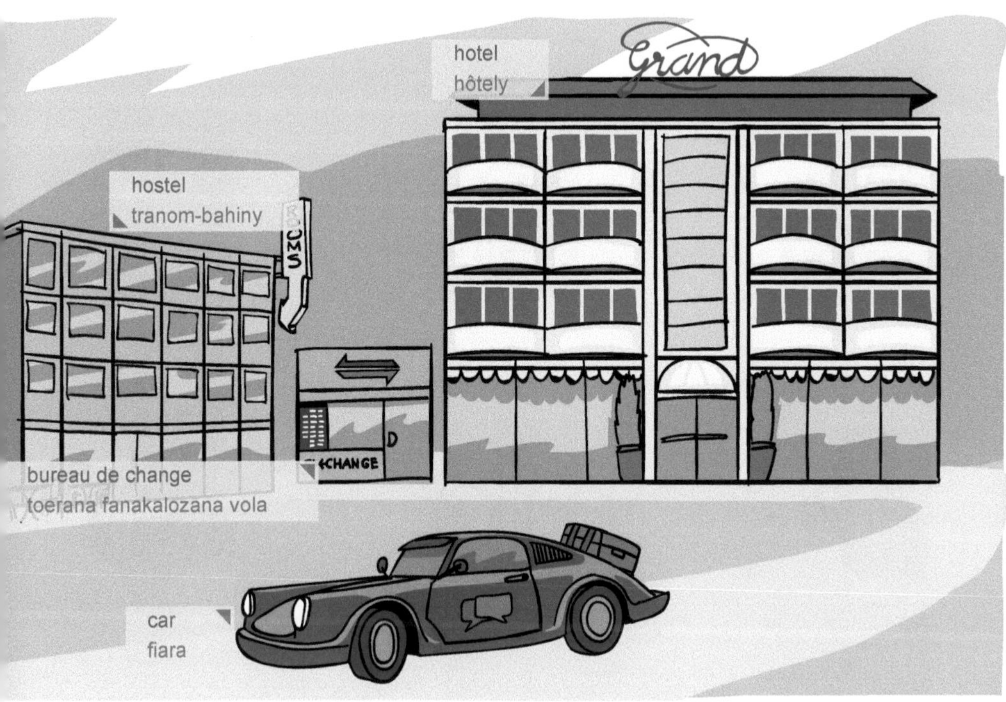

hotel
hôtely
Grand
hostel
tranom-bahiny
bureau de change
toerana fanakalozana vola
car
fiara

language
fiteny

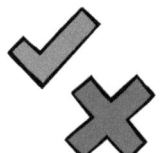

yes / no
eny / tsia

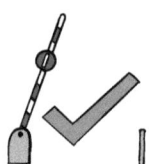

Okay
Eny àry

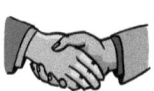

hello
salama

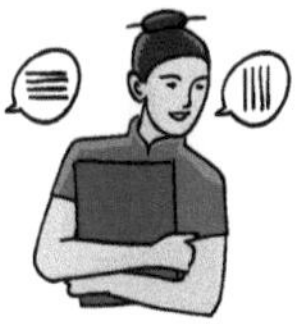

translator
mpandika teny

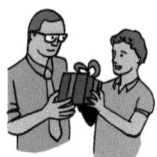

Thank you
Misaotra

how much is...?

ohatrinona...?

I do not understand

Tsy azoko izany

problem

olana

Good evening!

Salama ô!

Good morning!

Arahaba tra-maraina e!

Good night!

Tsara mandry ô!

bye bye

veloma

direction

fitantanana

luggage

entan'ny mpandeha

bag

harona

backpack

kitapo

guest

vahiny

room

efitrano

sleeping bag

fandriana enti-tànana

tent

tanty

tourist information

birao miandraikitra ny
fizahantany

beach

moron-tsiraka

credit card

fahana amin'ny karatra

breakfast

sakafo maraina

lunch

sakafo atoandro

dinner

sakafo hariva

ticket

tapakila

lift

ascenseur

stamp

hajia

border

tany manasaraka

customs

fadin-tseranana

embassy

ambasady

visa

visa

passport

pasipaoro

transport

fitaterana

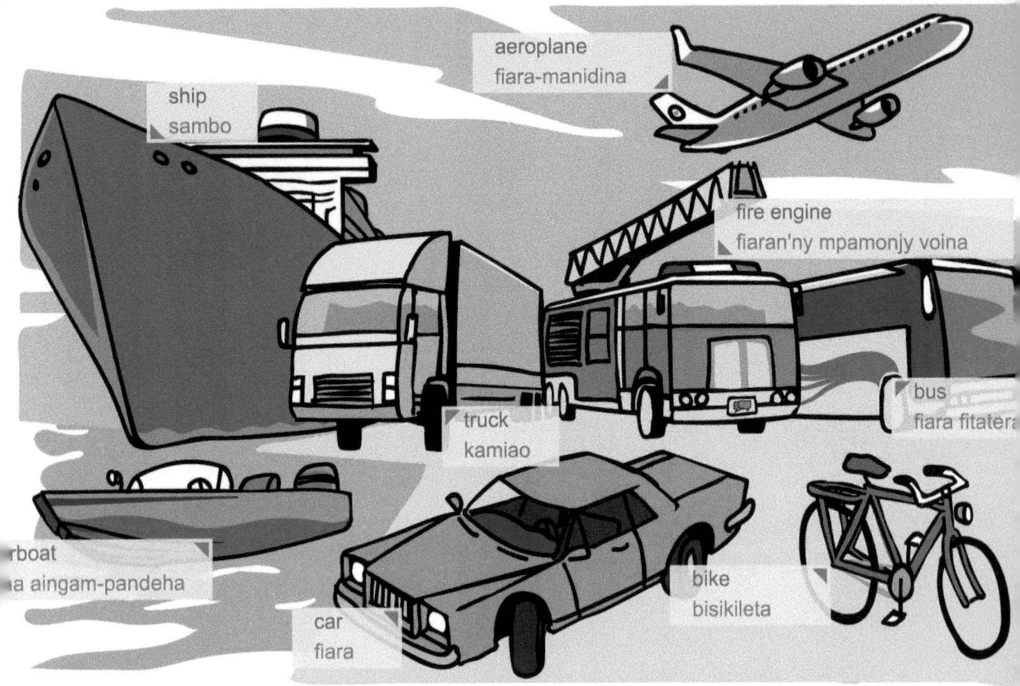

aeroplane
fiara-manidina
ship
sambo
fire engine
fiaran'ny mpamonjy voina
bus
fiara fitatera
truck
kamiao
rboat
a aingam-pandeha
bike
bisikileta
car
fiara

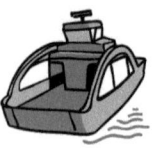

ferry
sambobe

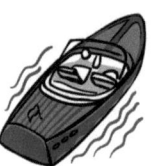

boat
sambo

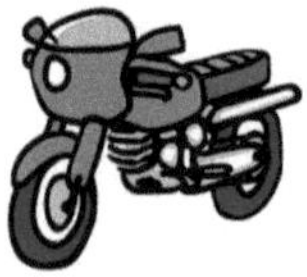

motorbike
môtô

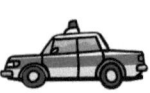

police car
fiaran'ny polisy

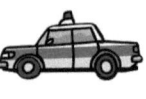

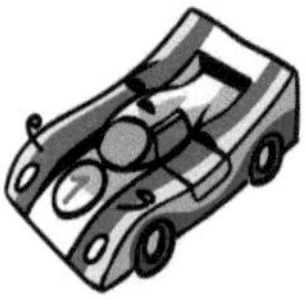

racing car
fiara mpihazakazaka

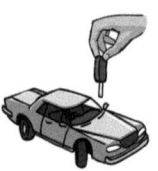

rental car
fiara fanofa

car sharing

zara fiara

breakdown truck

fiara etsy babeko

refuse truck

fiara mpitatitra fako

motor

môtera

fuel

solika

petrol station

tobin-tsolika

traffic sign

tondro fifamoivoizana

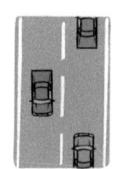

traffic

fifamoivoizana

traffic jam

fitohanan'ny fifamoivoizana

car park

fitobian'ny fiara

train station

fiantsonan'ny fiaran-
dalamby

tracks

lalamby

train

fiaran-dalamby

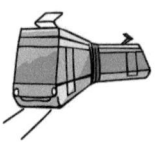

tram

tramway

carriage

kalesy

helicopter

angidimby

airport

seranam-piaramanidina

tower

tilikambo

passenger

mpandeha

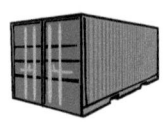

container

kaontenera

carton

baoritra

cart

chariot

basket

harona

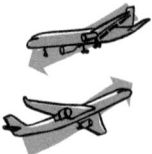

take off / land

miainga / midina

city

renivohitra

village

ambanivohitra

city centre

afovoan-tanàna

house

trano

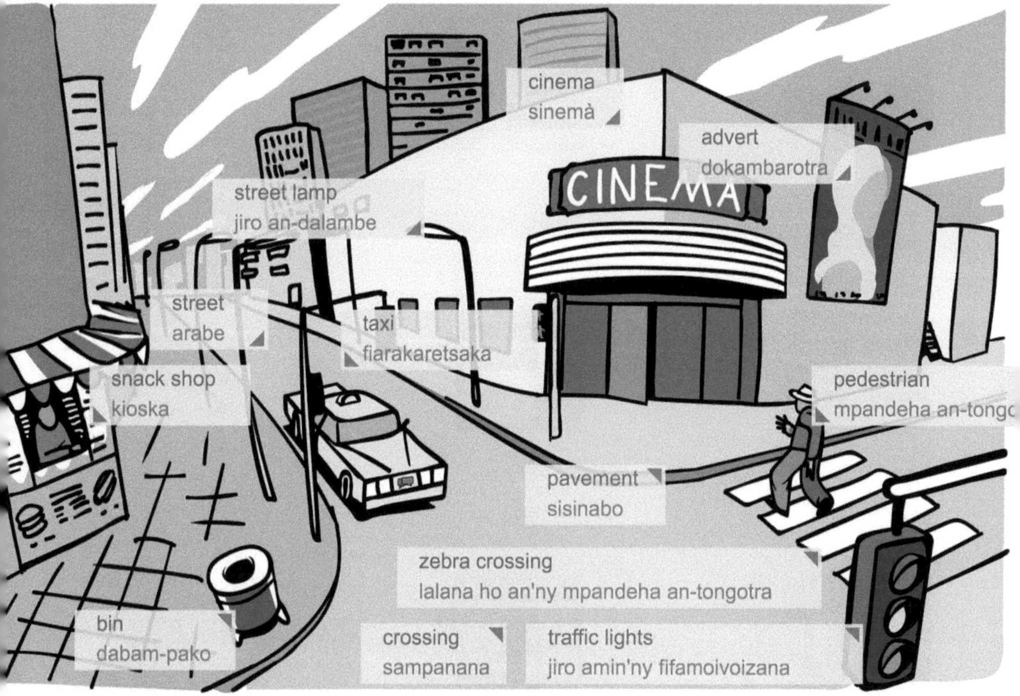

cinema
sinemà

advert
dokambarotra

street lamp
jiro an-dalambe

street
arabe

taxi
fiarakaretsaka

snack shop
kioska

CINEMA

pedestrian
mpandeha an-tongo

pavement
sisinabo

zebra crossing
lalana ho an'ny mpandeha an-tongotra

bin
dabam-pako

crossing
sampanana

traffic lights
jiro amin'ny fifamoivoizana

hut
trano bongo

flat
tranobe

train station
fiantsonan'ny fiaran-
dalamby

town hall
firaisana

museum
donia

school
sekoly

university

oniversite

bank

banky

hospital

hopitaly

hotel

hôtely

pharmacy

farmasia

office

birao

book shop

fivarotam-boky

shop

fivarotana

florist's

mpivarotra voninkazo

supermarket

supermarché

market

tsena

department store

tranobe fivarotana

fishmonger's

mpivarotra trondro

shopping centre

toeram-pivarotana lehibe

harbour

seranana

park

valan-javaboary

bench

latabatra

bridge

tetezana

stairs

totohatra

underground

metrô

tunnel

tonelina

bus stop

fiantsonan'ny fiara
mpitondra olona

bar

bara

restaurant

toeram-pisakafoanana

postbox

boatin-taratasy paositra

street sign

famantarana an-arabe

parking meter

parcmètre

zoo

valan-javaboary

swimming pool

dobo filomanosana

mosque

moskea

farm

toeram-pambolena

pollution

loto

graveyard

fasana

church

trano fiangonana

playground

tokontany filalaovana

temple

tempoly

landscape

endritany

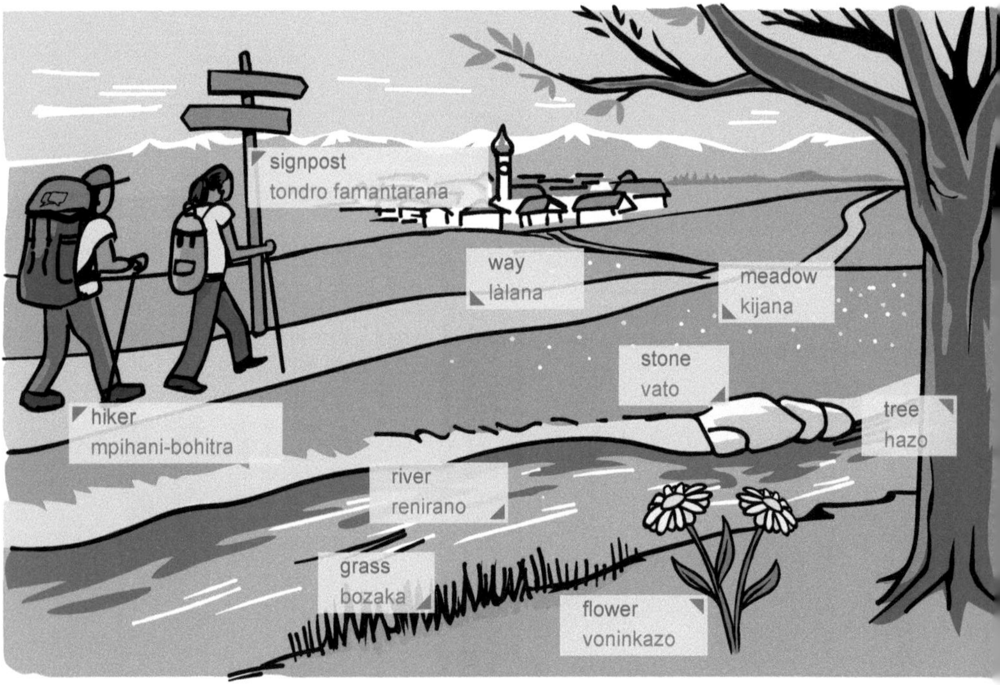

signpost
tondro famantarana

way
làlana

meadow
kijana

stone
vato

hiker
mpihani-bohitra

tree
hazo

river
renirano

grass
bozaka

flower
voninkazo

valley	hill	lake
lemaka	vohitra	laka
	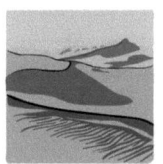	
forest	desert	volcano
ala	tany hay	volkano

castle	rainbow	mushroom
rova	avana	holatra

palm tree	mosquito	fly
hazom-boanio	moka	lalitra

ant	bee	spider
vitsika	tantely	hala

landscape - endritany

beetle

voangory

frog

sahona

squirrel

vontsira

hedgehog

trandraka

hare

bitro

owl

vorondolo

bird

vorona

swan

gisabe

boar

lambo

deer

cerf

moose

voalavo

dam

toha-drano

wind turbine

helisy ahodin-drivotra

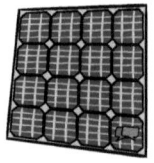

solar panel

takela-masoandro

climate

toetr'andro

waiter
mpandroso sakafo

menu
menu

chair
seza

soup
lasopy

pizza
pizza

cutlery
fitaovam-pihinanana

tablecloth
lamban-databatra

starter
entrée

main course
sakafo fototra

dessert
desera

drinks
zava-pisotro

food
sakafo

bottle
tavoahangy

fast food

fast food

street food

sakafo an-dalambe

teapot

fitoerana dite

sugar bowl

fitoeran-tsiramamy

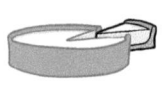

portion

singany

espresso machine

milina espresso

high chair

seza avo

bill

faktiora

tray

lovia fandrosoana sakafo

knife

antsy

fork

sotrorovitra

spoon

sotro

teaspoon

sotrokely

serviette

servieta

glass

vera

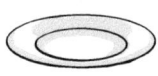

plate

vilia

soup plate

vilian-dasopy

saucer

vilia bory

sauce

saosy

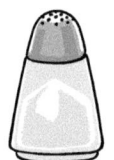

salt pot

fitoeran-tsira

pepper mill

milina dipoavatra

vinegar

vinaingitra

oil

solika

spices

zava-manitra

ketchup

ketchup

mustard

voan-tsinapy

mayonnaise

maionezy

supermarket
supermarché

special offer
fihenam-bidy
FOR
customer
mpividy
dairy
sakafo avy amin'ny ronono
fruit
voankazo
trolley
chariot

BUTCHERS

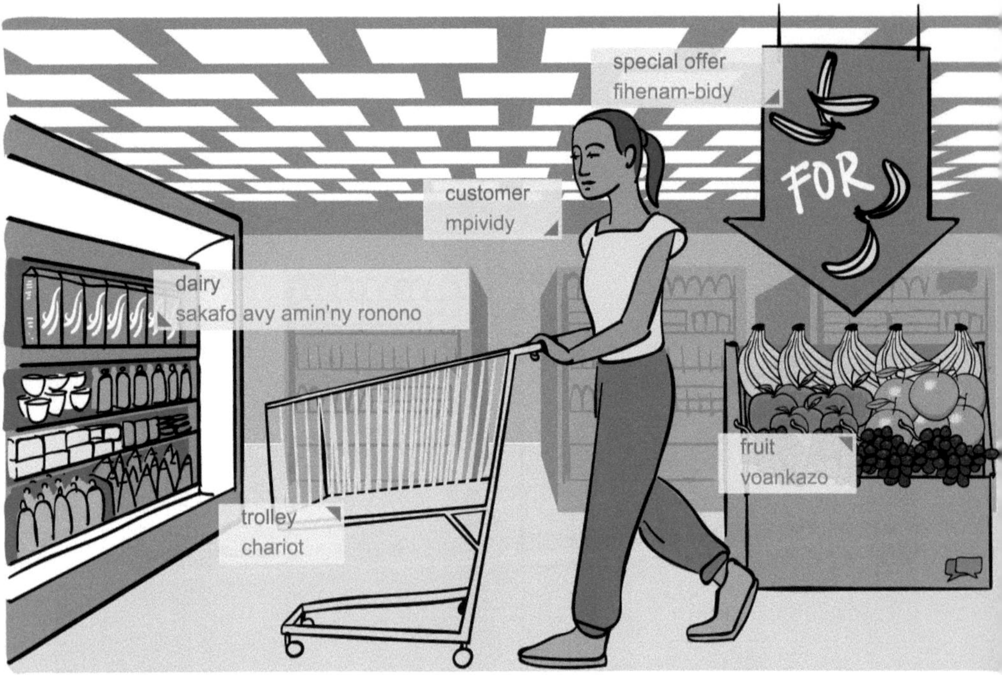

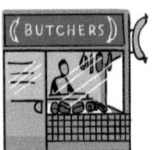

butcher´s

mpivaro-kena

BAKERY

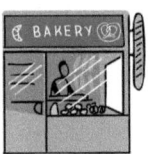

baker´s

mpivarotra mofo

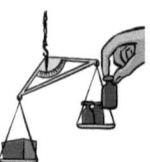

weigh

mandanja

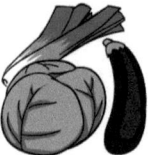

vegetables

legioma

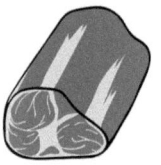

meat

hena

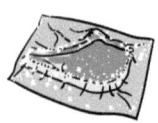

frozen food

sakafo nampangatsiahana

cold meat
hena voahendy

tinned food
sakafo am-by fotsy

washing powder
vovon-tsavony

sweets
vatomamy

household products
fitaovana an-tokatrano

cleaning products
fitaovana fanadiovana

salesperson
mpivarotra

till
toerana fandoavam-bola

cashier
mpandray vola

shopping list
isitry ny zavatra vidiana

opening hours
ora fiasana

wallet
portefeuille

credit card
fahana amin'ny karatra

bag
harona

plastic bag
harona plastika

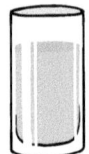

water

rano

juice

ranom-boankazo

milk

ronono

coke

coca

wine

divay

beer

labiera

alcohol

toaka

cocoa

sôkôlà mafana

tea

dite

coffee

kafe

espresso

espresso

cappuccino

cappuccino

banana

akondro

apple

paoma

orange

laoranjy

melon

voatango

lemon

voasarimakirana

carrot

karaoty

garlic

tongolo gasy

bamboo

volobe

onion

tongolo

mushroom

holatra

nuts

voamaina

noodles

paty

spaghetti

spaghetti

rice

vary

salad

salady

chips

ovy frity

fried potatoes

ovy voaendy

pizza

pizza

hamburger

hamburger

sandwich

sandwich

cutlet

didin-kena

ham

lambo sira

salami

salami

sausage

saosisy

chicken

akoho

roast

hena mendy

fish

trondro

porridge oats

varin-tsoavaly

muesli

muesli

cornflakes

cornflakes

flour

lafarinina

croissant

croissant

bread roll

mofodipaina kely

bread

mofo

toast

mofo natono

biscuits

bisky

butter

dobera

curd

fromazy fotsy

cake

mofomamy

egg

atody

fried egg

atody nendasina

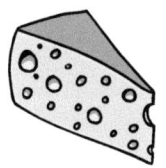

cheese

fromazy

ice cream

lagilasy

sugar

siramamy

honey

tantely

jam

kaonfitira

chocolate spread

crème nougat

curry

curry

farm
toeram-pambolena

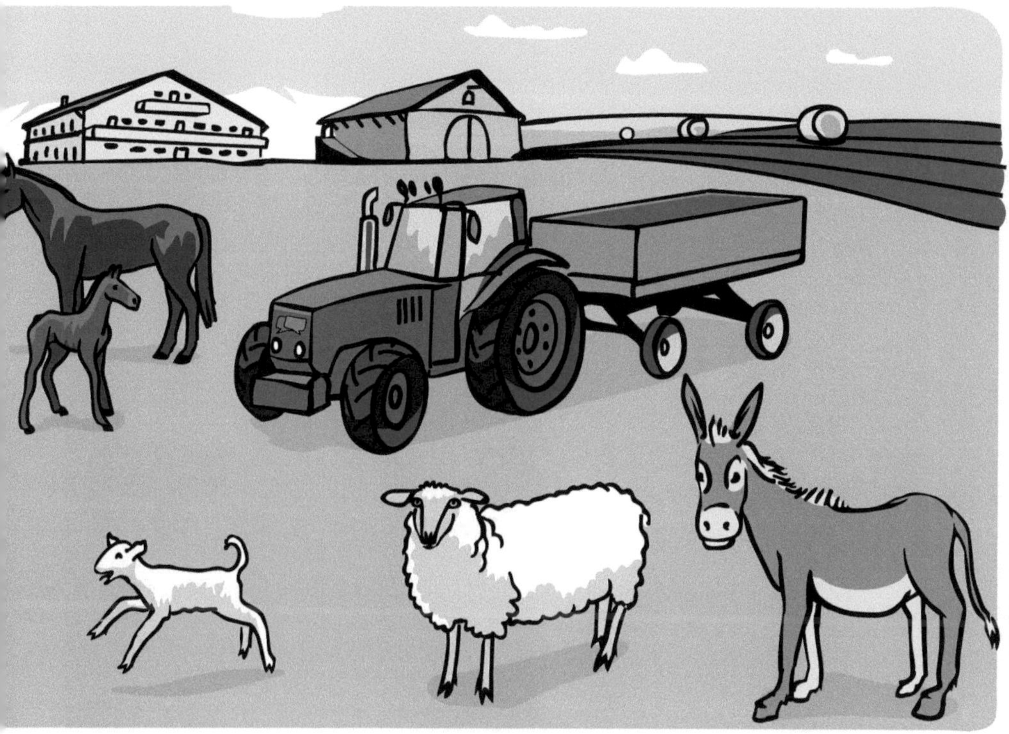

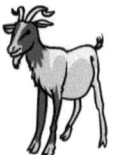

goat

osy

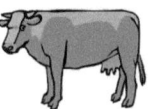

cow

omby vavy

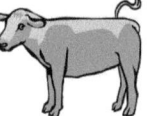

calf

omby

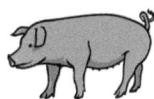

pig

kisoa

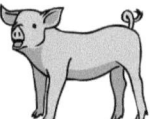

piglet

zana-kisoa

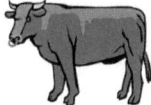

bull

omby

goose

gisa

duck

gana

chick

zanak'akoho

hen

akoho vavy

cock

akoho lahy

rat

voalavo

cat

saka

mouse

voalavo tondro

ox

omby

dog

alika

doghouse

tranon'alika

garden hose

fantsona fanondrahana rano

watering can

fanondrahana

scythe

antsy biloka

plough

angadin'omby

sickle

antsim-bilona

hoe

antsetra

pitchfork

farango vy

axe

famaky

wheelbarrow

borety

trough

dababe

milk can

boatin-dronono

sack

harona

fence

fefy

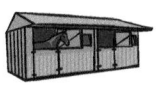

stable

tranom-biby

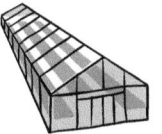

greenhouse

talatalan-jaridaina

soil

tany

seed

ambeoka

fertilizer

zezika

combine harvester

milina mpijinja vokatra

harvest

vokatra

harvest

vokatra

yams

saonjo

wheat

varimbazaha

soy

saozaha

potato

ovy

corn

katsaka

rapeseed

colza

fruit tree

hazo fihinam-boa

cassava

mangahazo

cereals

voamadinika

house

trano

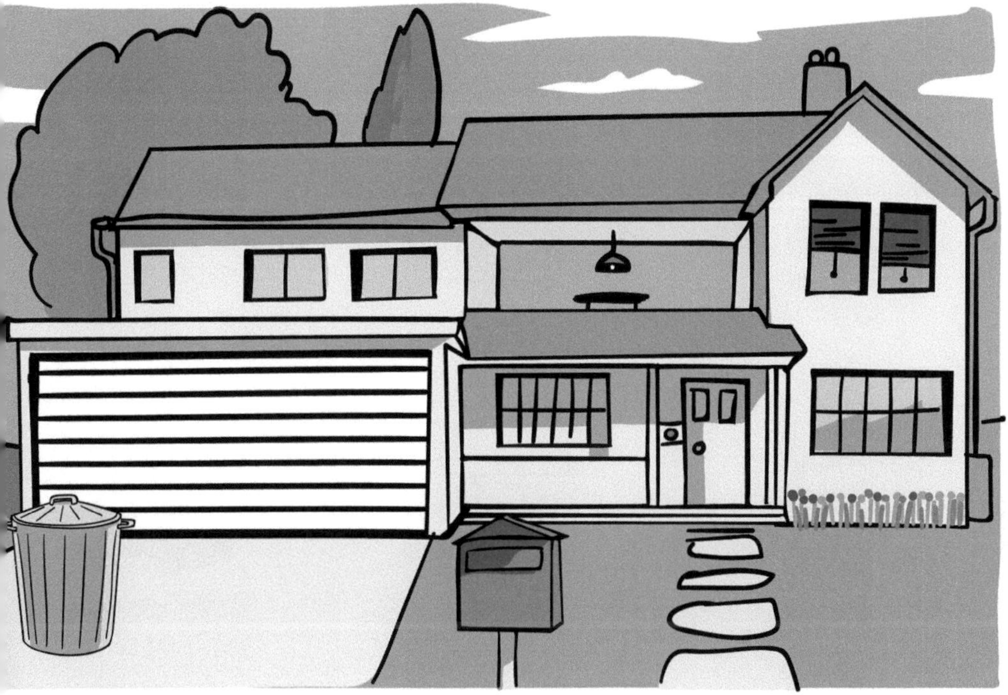

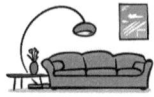

living room

efitra fandraisam-bahiny

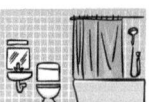

bathroom

efitra fandroana

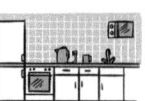

kitchen

lakozia

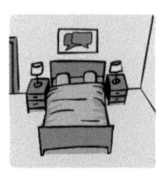

bedroom

efitra fatoriana

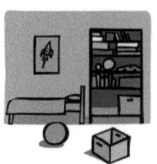

child's room

efitranon'ny ankizy

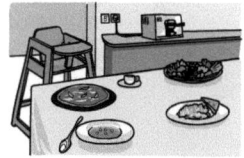

dining room

efi-trano fisakafoanana

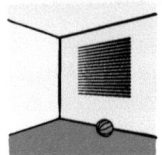

floor

tany

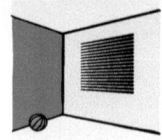

wall

rindrina

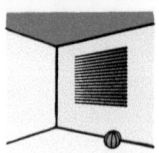

ceiling

valindrihana

cellar

lakavy

sauna

sauna

balcony

tsimahalavo

terrace

lavarangana

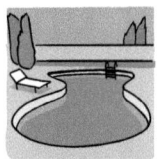

pool

dobo filomanosana

lawn mower

mpanapaka bozaka

sheet

lambam-pandriana

bedspread

koety

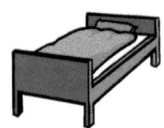

bed

fandriana

broom

kifafa

bucket

sô

switch

interrupteur

living room
efitra fandraisam-bahiny

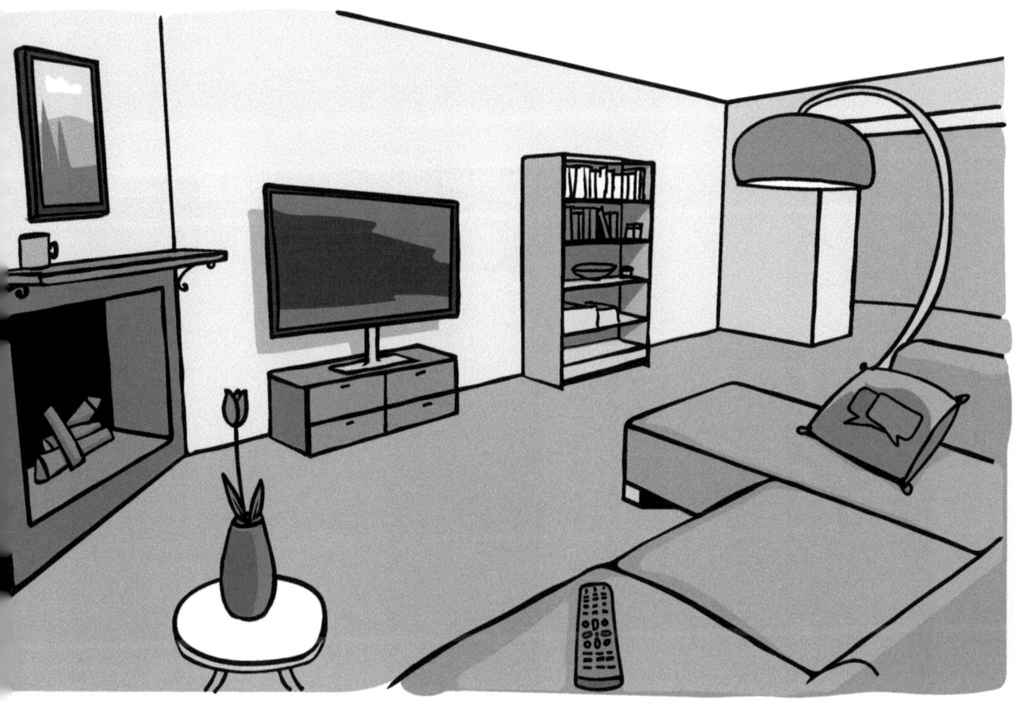

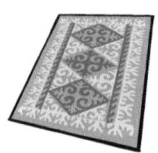

carpet

tapis

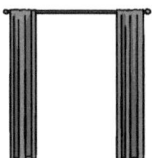

curtain

takom-baravarana

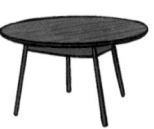

table

latabatra

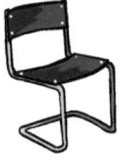

chair

seza

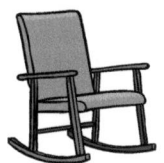

rocking chair

seza savily

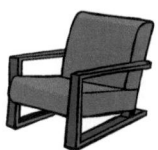

armchair

seza mihaja

book
....
boky

blanket
....
lamba firakotra

decoration
....
asa fandravahana

firewood
....
hazo fandrehitra

film
....
horonantsary

hi-fi equipment
....
fitaovana hi-fi

key
....
fanalahidy

newspaper
....
gazety

painting
....
loko

poster
....
sary famantarana

radio
....
radio

notepad
....
kahie fanao tadidy

hoover
....
aspiratera

cactus
....
raketa

candle
....
labozia

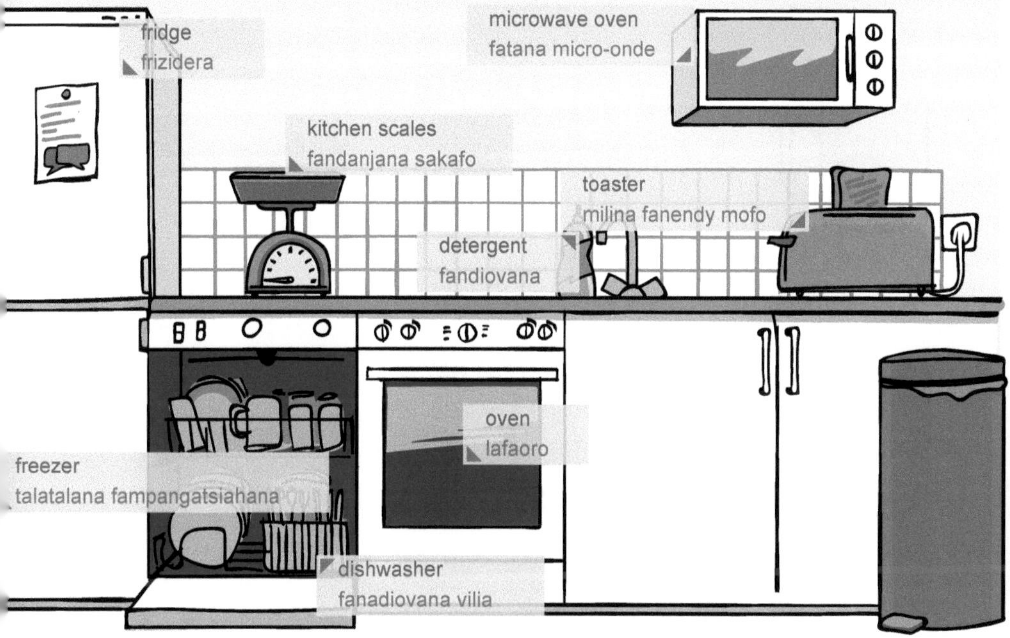

fridge
frizidera

microwave oven
fatana micro-onde

kitchen scales
fandanjana sakafo

toaster
milina fanendy mofo

detergent
fandiovana

freezer
talatalana fampangatsiahana

oven
lafaoro

dishwasher
fanadiovana vilia

cooker

lafaoro

pot

vilany

cast-iron pot

vilany vy

wok / kadai

wok / kadai

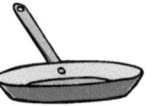

pan

lapoaly

kettle

fitaovana fampangotrahana
rano

steamer

vilany mandeha entona

baking tray

lovia fisaka

crockery

fitaovan-dakozia

mug

zinga

bowl

vilia baolina

chopsticks

hazokely fihinanana

ladle

sotrobe lavatango

spatula

spatule

whisk

fanakapohana atody

strainer

fanatantavanana

sieve

lovia sivana

grater

fanakikisana

mortar

laona

barbecue

kiendiendy

open fire

fivoahan'ny setroka

kitchen - lakozia

chopping board

akalana fitetehana

rolling pin

kodia fandamàna koba

corkscrew

fisontonana bosoa

can

boaty

can opener

fanokafana boaty

pot holder

fitazomana vilany

sink

lavabô

brush

borosy

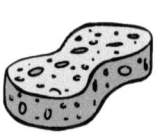

sponge

spaonjy

blender

miksera

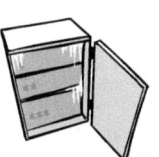

deep freezer

fitaovana fampangatsiahana

baby bottle

tavoahanginono

tap

paompy

efitra fandroana

shower
efitra fandroana

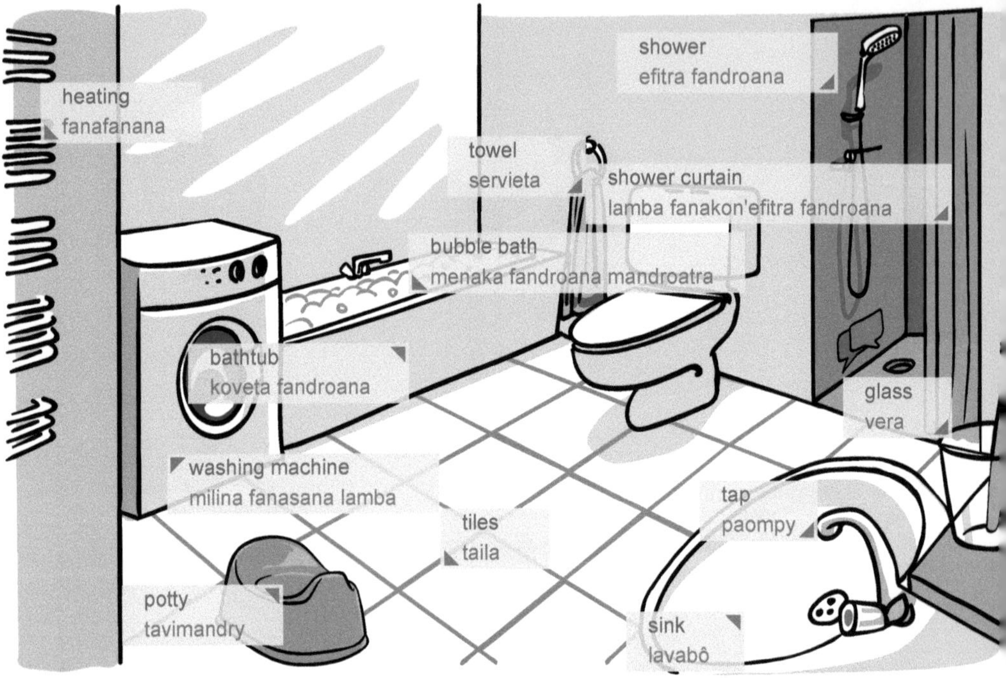

heating
fanafanana

towel
servieta

shower curtain
lamba fanakon'efitra fandroana

bubble bath
menaka fandroana mandroatra

bathtub
koveta fandroana

glass
vera

washing machine
milina fanasana lamba

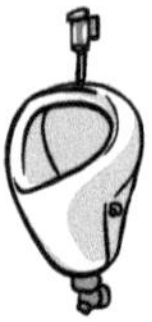

tap
paompy

tiles
taila

potty
tavimandry

sink
lavabô

toilet	squat toilet	bidet
efitrano fidiovana	kabone mitsingo	bidet
urinal	toilet paper	toilet brush
fipipizana	taratasy fidiovana	borosy fampiasa an-kabone

toothbrush

borosinify

toothpaste

famotsia-nify

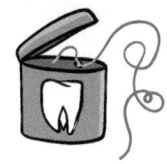

dental floss

kofehy fanadiova-nify

wash

manasa

handheld shower

fisaika enti-tànana

douche

fanadiovana fivaviana

basin

kovetabe

back brush

borosin-damosina

soap

savony

shower gel

fampiasa rehefa misaika

shampoo

shampoo

flannel

fonon-tànana enti-misaika

drain

tsiranoka

cream

crème fanosotra

deodorant

fanalana fofona

mirror	hand mirror	razor
fitaratra	fitaratra fihaingo	hareza

shaving foam	aftershave	comb
raotra fiharatra	menaka haratra	fiogo

brush	hair dryer	hairspray
borosy	fitaovana fanamainam-bolo	atsifotra amin'ny volo

makeup	lipstick	nail varnish
fikarakarana tarehy	lokomena	haingo hoho

cotton wool	nail scissors	perfume
vohavohan-dandihazo	fanapahana hoho	ranomanitra

washbag

fitoerana fitaovana an-kabone

stool

sezabory

weighing scale

fandanjana olona

bathrobe

akanjo enti-matory

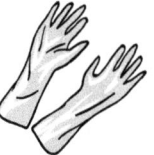

rubber gloves

fonon-tànana enti-manadio

tampon

servieta fanary

sanitary towel

amba fampiasa amin'ny fadimbolana

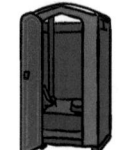

chemical toilet

kabone simika

child's room
efitranon'ny ankizy

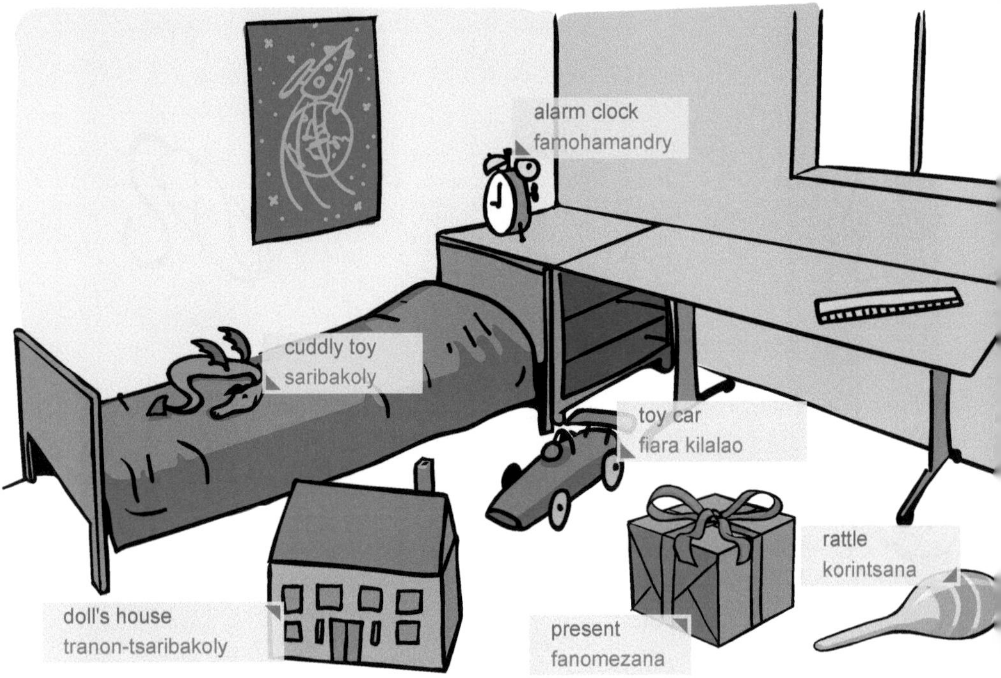
alarm clock
famohamandry
cuddly toy
saribakoly
toy car
fiara kilalao
rattle
korintsana
doll's house
tranon-tsaribakoly
present
fanomezana

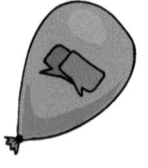

balloon

balaonina

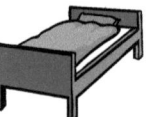

bed

fandriana

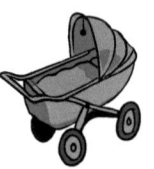

pram

posety

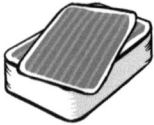

deck of cards

lalao karatra

jigsaw

puzzle

SUPER
MEGA

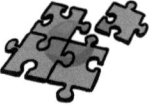

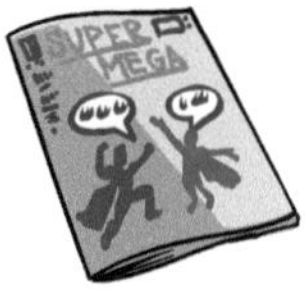

comic

sariitatra

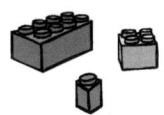

lego bricks

lalao legô

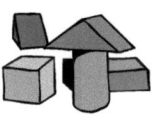

building blocks

kilalao fananganana trano

action figure

sarivongana kely

babygrow

grenera

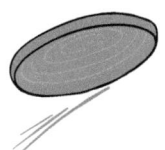

frisbee

Frisbee

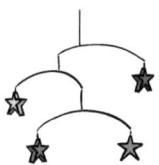

mobile

mobile

board game

jeu de société

dice

kodiakely

model train set

lamasinina kely

dummy

solonono

party

fety

picture book

boky feno sary

ball

baolina

doll

saribakoly

play

milalao

sandpit

kovetam-pasika

swing

savily

toys

kilalao

video game console

kilalao video

tricycle

tricycle

teddy bear

teddy orsa

wardrobe

fitoeran'akanjo

clothing

akanjo

socks

bà kiraro

stockings

bàn-tongotra

tights

akanjo manara-batana

scarf
foloara

umbrella
elo

t-shirt
t-shirt

belt
fehin-kibo

boots
baoty

slippers
kapa fitondra an-tran

trainers
kiraro tenisy

sandals

kapa

shoes

kiraro

rubber boots

baoty fingotra

underpants

atinakanjo

bra

tatinono

vest

akanjo feno

body

vatana

trousers

pataloha

jeans

jean

skirt

zipo

blouse

akanjo ambony

shirt

lobaka

pullover

pull

hoodie

akanjo sarotro

blazer

palitao

jacket

palitao

coat

palitao

raincoat

akanjo aro-orana

costume

akanjo fianjaika

dress

fitafim-behivavy

wedding dress

akanjon'ny ampakarina

suit

akanjo fianjaika

nightgown

akanjo-mandry

pyjamas

pijamà

sari

sari

headscarf

sarondoha

turban

turban

burqa

burqa

kaftan

kaftan

abaya

abaya

swimsuit

kanjo fitondra milomano

trunks

akanjo fitondra milomano

shorts

pataloha fohy

tracksuit

akanjo fitena

apron

tablie

gloves

fonon-tànana

button

bokotra

glasses

solomaso

bracelet

brasele

necklace

rojo

ring

peratra

earring

kavina

cap

satroka

coat hanger

fanantonana palitao

hat

satroka

tie

fehivozo

zip

hidikorisa

helmet

aroloha

braces

beritelo

school uniform

fanamian'ny mpianatra

uniform

fanamiana

bib

bavoara

dummy

solonono

nappy

taty

office

birao

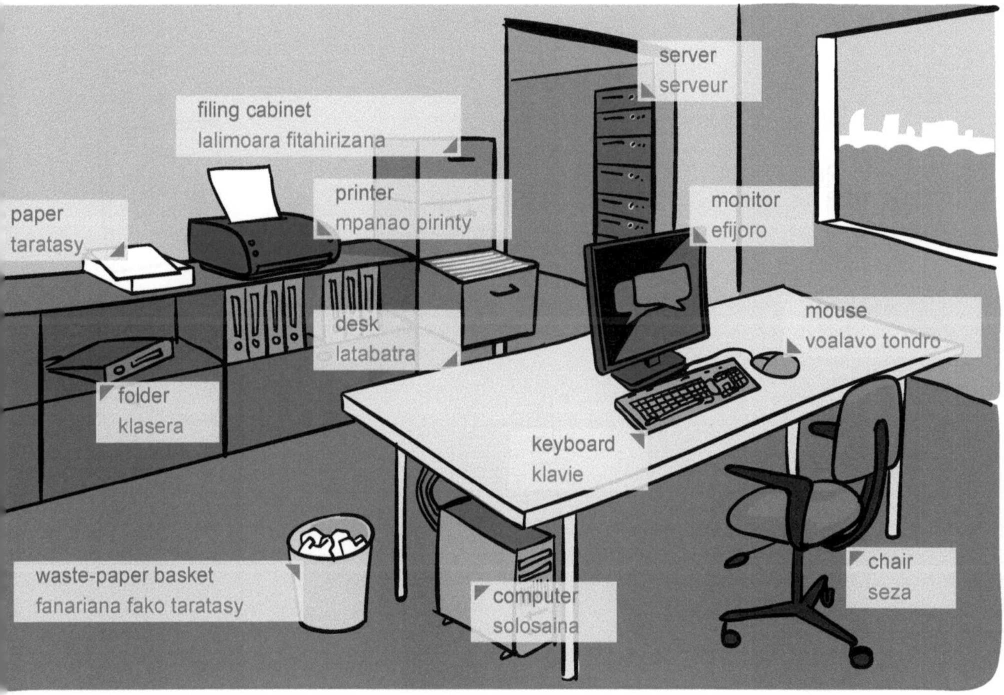

filing cabinet
lalimoara fitahirizana

server
serveur

printer
mpanao pirinty

monitor
efijoro

paper
taratasy

desk
latabatra

mouse
voalavo tondro

folder
klasera

keyboard
klavie

waste-paper basket
fanariana fako taratasy

chair
seza

computer
solosaina

coffee mug

kaopin-kafe

calculator

mpikajy

internet

aterineto

laptop

solosaina maivana

letter

taratasy

message

hafatra

mobile

mobile

network

tambajotra

photocopier

imprimante

software

rindrambaiko

telephone

finday

plug socket

prizy

fax machine

fax

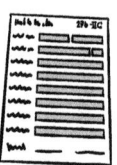

form

efitra fenoina

document

fehezan-taratasy

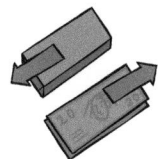

buy
mividy

pay
mandoa vola

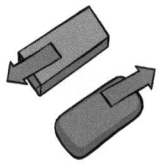

trade
misera

money
vola

dollar
dôlara

euro
euro

yen
yen

rouble
rouble

Swiss franc
Franc suisse

renminbi yuan
renminbi yuan

rupee
roupie

cashpoint
fangalàna vola

bureau de change

toerana fanakalozana vola

gold

volamena

silver

volafotsy

oil

solika

energy

angovo

price

vidiny

contract

fifanekena

tax

hetra

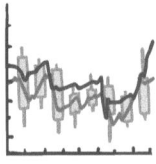

stock

action borsa

work

miasa

employee

mpiasa

employer

mpampiasa

factory

orinasa

shop

fivarotana

police officer
mpitandro filaminana

fireman
mpamonjy voina

cook
mahandro

doctor
dokotera

pilot
mpanamory

gardener

mpikarakara zaridaina

carpenter

mpandrafitra

seamstress

vehivavy mpanjaitra

judge

mpitsara

chemist

mpahay simia

actor

mpilalao sarimihetsika

bus driver

mpamily fiara fitateram-bahoaka

taxi driver

mpamily fiarakaretsaka

fisherman

mpanjono

cleaning lady

vehivavy mpanadio

roofer

mpanao tafo

waiter

mpandroso sakafo

hunter

mpihaza

painter

mpandoko

baker

mpanao mofo

electrician

elektrisianina

builder

mpanao trano

engineer

injeniera

butcher

mivaro-kena

plumber

plombier

postman

faktera

soldier

miaramila

architect

mpanao mari-trano

cashier

mpandray vola

florist

mpivarotra voninkazo

hairdresser

mpanao volo

conductor

mpizara tapakila

mechanic

mpahay mekanika

captain

kapiteny

dentist

mpitsabo nify

scientist

siantifika

rabbi

raby

imam

imam

monk

moanina

clergyman

pretra

tools

fitaovana

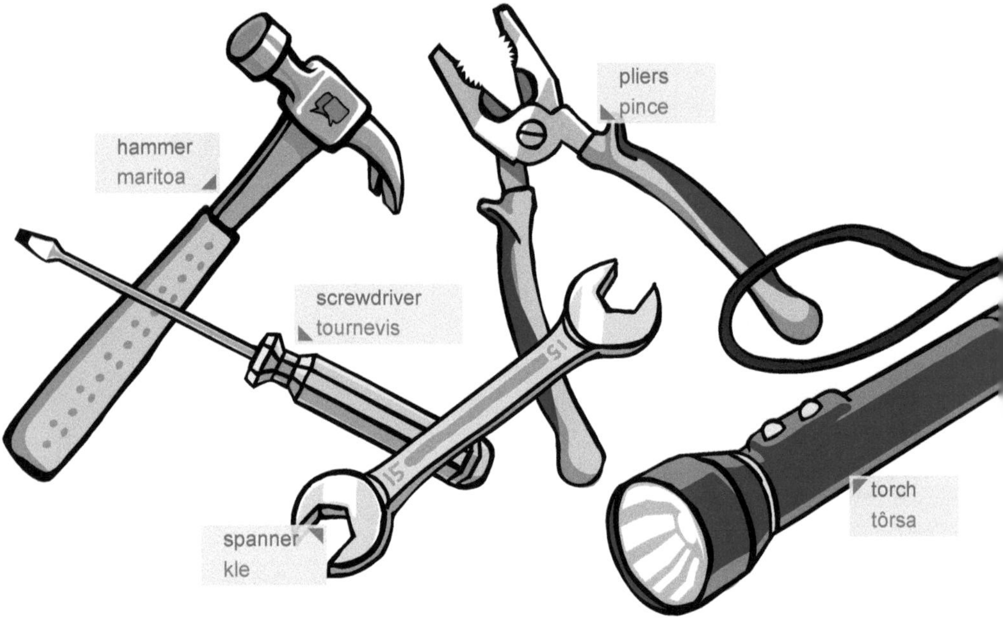
pliers
pince
hammer
maritoa
screwdriver
tournevis
torch
tôrsa
spanner
kle

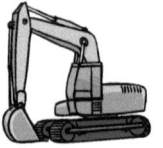

digger

pelleteuse

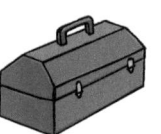

toolbox

boaty fanisy fitaovana

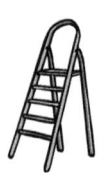

ladder

tohatra

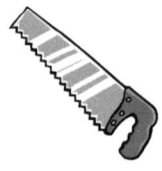

saw

tsofa

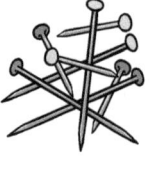

nails

fantsika

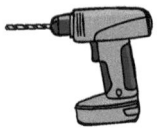

drill

perceuse

repair
....
manarina

shovel
....
lapela

Damn!
....
Kyy!

dustpan
....
angadim-pako

paint pot
....
boatin-doko

screws
....
visy

musical instruments
zava-maneno

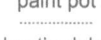

drum kit
vata maro anaka

loudspeaker
haut-parleur

guitar
gitara

double bass
contrebasse

trumpet
trompetra

piano

vata maro afitsoka

violin

lokanga

bass

basse

timpani

amponga timpani

drums

aponga

keyboard

klavie

saxophone

saksa

flute

sodina

microphone

mikrao

entrance
fidirana

tiger
tigra

cage
tranon-gadra

zebra
zebra

animal feed
sakafom-biby

panda
pandà

animals
biby

elephant
elefanta

kangaroo
kangoroa

rhino
rinôserôsy

gorilla
gôrila

bear
orsa

camel

rameva

ostrich

aotrisy

lion

liona

monkey

rajako

flamingo

sama

parrot

boloky

polar bear

orsa polera

penguin

pengoa

shark

atsantsa

peacock

vorombola

snake

bibilava

crocodile

voay

zookeeper

mpiandry valan-javaboary

seal

fôko

jaguar

jagoara

pony

poney

leopard

leopara

hippo

hipôpôtamo

giraffe

zirafa

eagle

voromahery

boar

lambo

fish

trondro

turtle

sokatra

walrus

môrsa

fox

renard

gazelle

gazely

American football
Football amerikana

cycling
hazakazaka am-bisikileta

tennis
tennis

basketball
baskety

swimming
lomano

ice hockey
hockey an-dranomandry

boxing
boxe

football
baolina kitra

badminton
badminton

athletics
atletisma

handball
handball

skiing
ski

polo
polo

laugh
mihomehy

clap
sambikina

hug
mamihina

walk
mandeha

sing
mihira

dream
manonofy

pray
mivavaka

kiss
manoroka

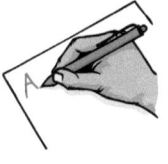

write
manoratra

draw
manao sary

show
maneho

push
manosika

give
manome

take
mandray

have
manana

do
manao

be
mizovy

stand
mijoro

run
mihazakazaka

pull
misintona

throw
manary

fall
lavo

lie
mandry

wait
miandry

carry
mitondra

sit
mipetraka

get dressed
miakanjo

sleep
matory

wake up
mifoha

look at	cry	stroke
mijery	mitomany	fahatapahan'ny lalan-dra

comb	talk	understand
fiogo	miresaka	mahay

ask	listen	drink
milaza	mihaino	misotro

eat	tidy up	love
mihinana	mandamina	mitia

cook	drive	fly
mahandro	mamily	lalitra

sail

miandriaka

calculate

mikajy

read

mamaky

learn

mianatra

work

miasa

marry

mivady

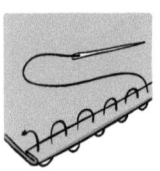

sew

manjaitra

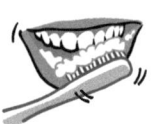

brush teeth

miborosy nify

kill

mamono

smoke

mifoka

send

mandefa

grandmother
renibe

grandfather
dadabe

father
ray

mother
reny

baby
zaza

daughter
zanaka vavy

son
zanaka lahy

guest

vahiny

aunt

nenitoa

uncle

dadatoa

brother

rahalahy

sister

rahavavy

body

vatana

forehead
handrina
eye
maso
face
tarehy
chin
saoka
finger
rantsan-tànana
hand
tànana
breast
nono
arm
sandry
shoulder
soroka
leg
ranjo

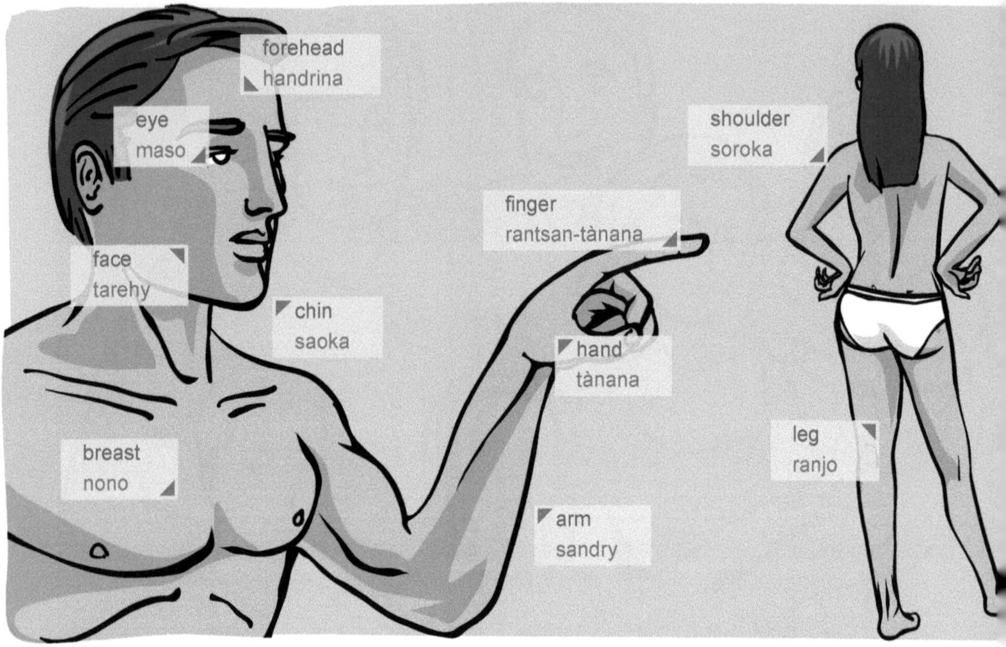

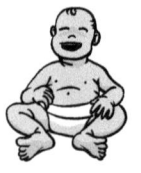

baby

zaza

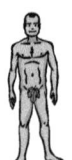

man

lehilahy

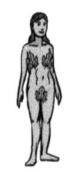

woman

vehivavy

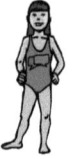

girl

vavy

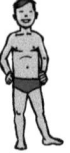

boy

lahy

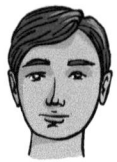

head

loha

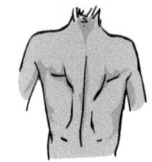

back

lamosina

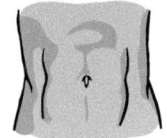

belly

kibo

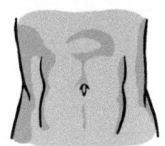

belly button

foitra

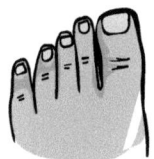

toe

rantsan-tongotra

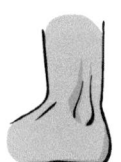

heel

voditongotra

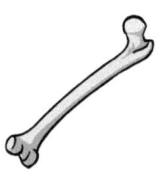

bone

taolana

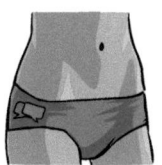

hip

valahana

knee

lohalika

elbow

kiho

nose

orona

bottom

vody

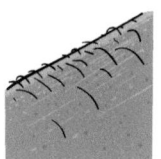

skin

hoditra

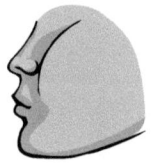

cheek

takolaka

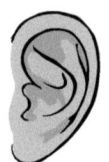

ear

sofina

lip

molotra

body - vatana

mouth

vava

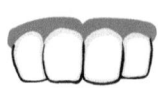

tooth

nify

tongue

lela

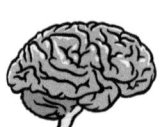

brain

saina

heart

fo

muscle

ozatra

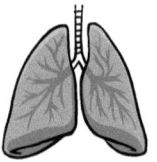

lung

havokavoka

liver

aty

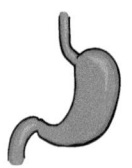

stomach

vavony

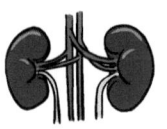

kidneys

voa

sex

firaisana ara-nofo

condom

fimailo

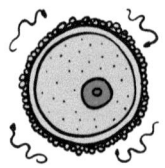

ovum

tsirivavy

semen

ranonaina

pregnancy

vohoka

body - vatana

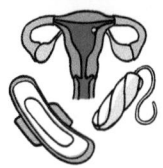

menstruation

fadimbolana

vagina

fivaviana

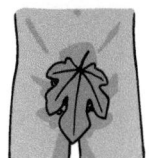

penis

filahiana

eyebrow

volomaso

hair

volo

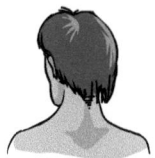

neck

tenda

hospital
hopitaly

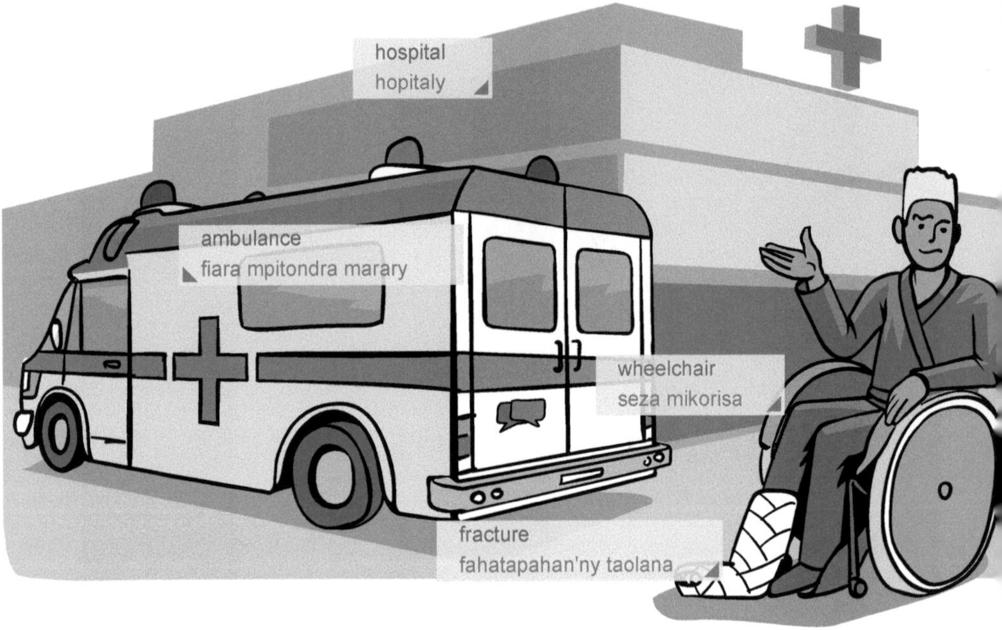

hospital
hopitaly
ambulance
fiara mpitondra marary
wheelchair
seza mikorisa
fracture
fahatapahan'ny taolana

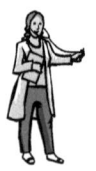

doctor
dokotera

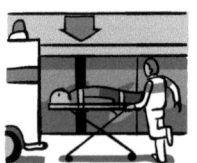

emergency room
efitra vonjy taitra

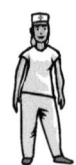

nurse
mpitsabo mpanampy

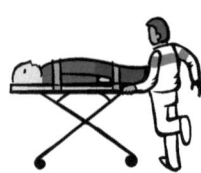

emergency
vonjy taitra

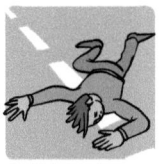

unconscious
tsy mahatsiaro tena

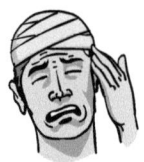

pain
fanaintainana

injury

faharatràna

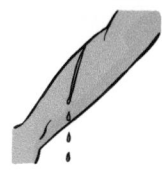

bleeding

mandeha rà

heart attack

aretim-po

stroke

ahatapahan'ny lalan-dra

allergy

tsy fahazakana sakafo

cough

kohaka

fever

tazo

flu

gripa

diarrhoea

fivalanana

headache

aretin'an-doha

cancer

homamiadana

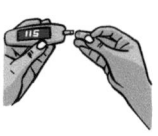

diabetes

diabeta

surgeon

dokotera mpandidy

scalpel

antsy fandidiana

operation

fandidiana

CT

TC

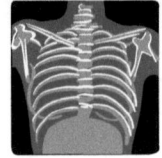

x-ray

taratra X

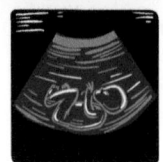

ultrasound

ekôgrafia

face mask

saron-tava

disease

aretina

waiting room

efitrano fiandrasana

crutch

tehina

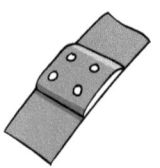

plaster

taha fery

bandage

bandy

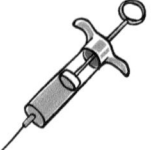

injection

tsindrona

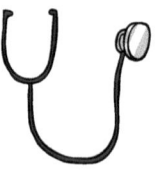

stethoscope

stetoskopy

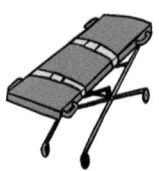

stretcher

filanjana marary

clinical thermometer

fitaovana fitsapana
hafanana

birth

fahaterahana

overweight

hatavezana tafahoatra

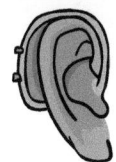

hearing aid

fitaovana fandrenesana

disinfectant

famonoana mikraoba

infection

fifindràna aretina

virus

viriosy

HIV / AIDS

VIH / SIDA

medicine

fitsaboana

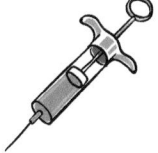

vaccination

vaksiny

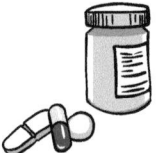

tablets

pilina

pill

pilina

emergency call

antso vonjy taitra

blood pressure monitor

fitaovana fitsapana tosi-drà

ill / healthy

marary / salama

Help!	alarm	assault
Vonjeo!	antso fanairana	herisetra

attack	danger	emergency exit
vono	loza	fivoahana raha misy loza

Fire!	fire extinguisher	accident
Afo!	fitaovam-pamonoana afo	loza

first-aid kit	SOS	police
fitaovam-pitsaboana vonjimaika	SOS	pôlisy

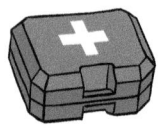

Europe

Eoropa

North America

Amerika avaratra

South America

Amerika atsimo

Africa

Afrika

Asia

Azia

Australia

Aostralia

Atlantic

Atlantika

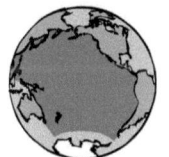

Pacific

Pasifika

Indian Ocean

Ranomasimbe Indiana

Antarctic Ocean

Oseana Antarktika

Arctic Ocean

Oseana Arktika

North Pole

Tendrotany avaratra

South Pole

Tendrotany atsimo

Antarctica

Antarktika

Earth

tany

land

tany

sea

ranomasina

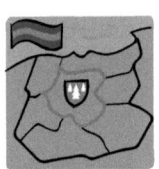

island

nosy

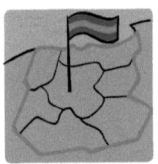

nation

tanindrazana

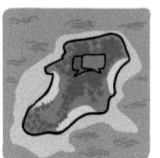

state

firenena

clock face

avam-pamantaranandro

hour hand

tondro ora

minute hand

tondro minitra

second hand

tondro segondra

What time is it?

Amin'ny firy izao?

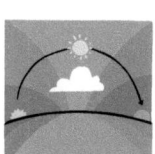

day

andro

time

fotoana

now

izao

digital watch

famantaranandro niomerika

minute

minitra

hour

ora

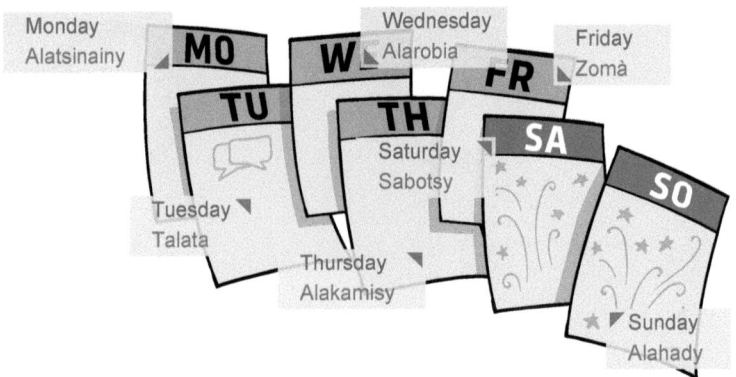

Monday
Alatsinainy

Wednesday
Alarobia

Friday
Zomà

Saturday
Sabotsy

Tuesday
Talata

Thursday
Alakamisy

Sunday
Alahady

yesterday

omaly

today

androany

tomorrow

ampitso

morning

maraina

noon

atoandro

evening

hariva

business days

adro fiasàna

weekend

faran'ny herinandro

year
taona

rain
orana
snow
ranomandry
wind
rivotra
spring
lohataona
autumn
fararano
summer
vanin-taona maina
winter
ririnina

4.APRIL 11°
5.APRIL 4°
6.APRIL 13°
7.APRIL 8°
8.APRIL 10°

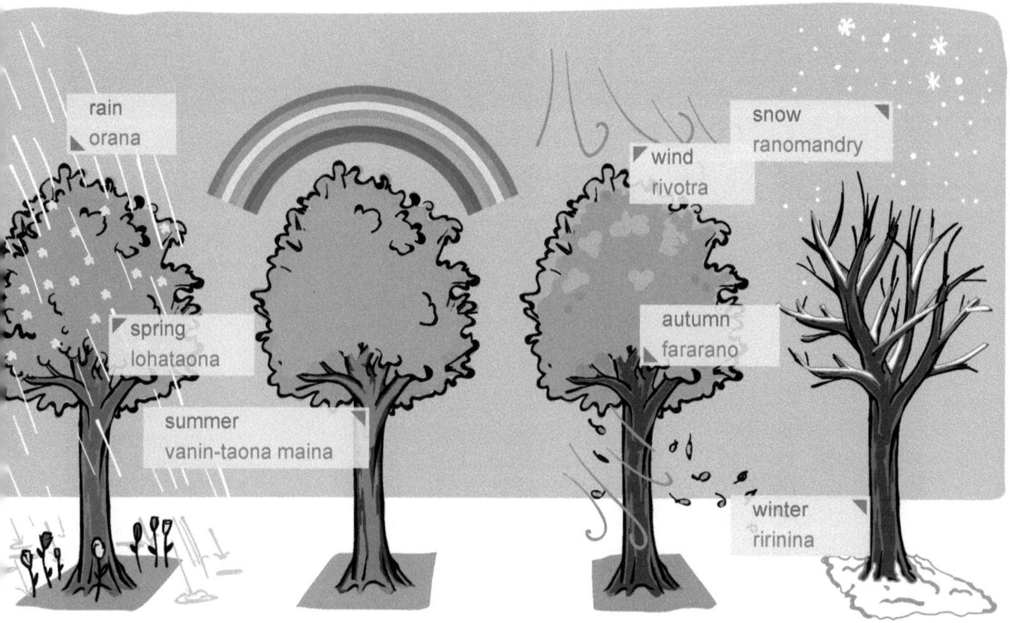

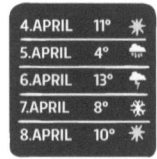

weather forecast
vinavina ara-toetrandro

F
C
120
90
60
30
0
-30
40
30
20
10
0
-10
-20

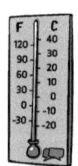

thermometer
thermomètre

sunshine
tara-masoandro

cloud
rahona

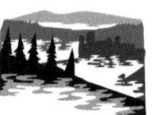

fog
zavona

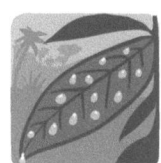

humidity
hamandoana

lightning

tselatra

thunder

kotroka

storm

tafio-drivotra

hail

havandra

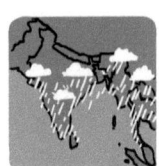

monsoon

fahavaratra

flood

tondra-drano

ice

vaingan-drano

January

Janoary

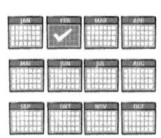

February

Febroary

March

Martsa

April

Avrila

May

Mey

June

Jiona

July

Jolay

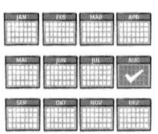

August

Aogositra

year - taona

September
....
Septambra

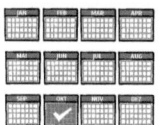

October
....
Oktobra

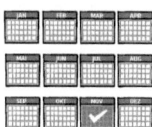

November
....
Novambra

December
....
Desambra

shapes
endrika

circle
....
boribory

square
....
efamira

rectangle
....
efajoro

triangle
....
telozoro

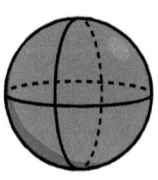

sphere
....
bola

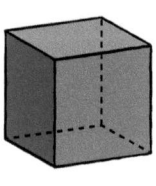

cube
....
goba

colours
loko

white
....
fotsy

yellow
....
mavo

orange
....
laoranjy

pink
....
mavokely

red
....
mena

purple
....
voloparasy

blue
....
manga

green
....
maitso

brown
....
volotany

grey
....
volondavenona

black
....
mainty

a lot / a little

betsaka / vitsy

angry / calm

tezitra / tony

beautiful / ugly

tsara / ratsy

beginning / end

fiandohana / fiafarana

big / small

lehibe / kely

bright / dark

mazava / maloka

brother / sister

rahalahy / rahavavy

clean / dirty

madio / maloto

complete / incomplete

feno / banga

day / night

andro / alina

dead / alive

maty / velona

wide / narrow

malalaka / tery

edible / inedible

azo hanina / tsy fihinana

evil / kind

tsivalahara / tsara fanahy

excited / bored

endratra / sorena

fat / thin

matavy / mahia

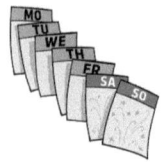

first / last

voalohany / farany

friend / enemy

mpinamana / mpifahavalo

full / empty

feno / foana

hard / soft

mafy / malefaka

heavy / light

mavesatra / maivana

hunger / thirst

noana / mangetaheta

ill / healthy

marary / salama

illegal / legal

tsy ara-dalàna / ara-dalàna

intelligent / stupid

mahay / vendrana

left / right

havia / havanana

near / far

akaiky / lavitra

new / used
....
vaovao / tranainy

nothing / something
....
tsy misy / misy

old / young
....
antitra / tanora

on / off
....
mandeha / maty

open / closed
....
mivoha / mihidy

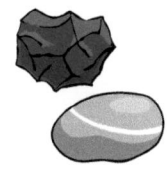

quiet / loud
....
mangina / mitabataba

rich / poor
....
hanankarena / mahantra

right / wrong
....
marina / diso

rough / smooth
....
marokoroko / malama

sad / happy
....
malahelo / faly

short / long
....
fohy / lava

slow / fast
....
mora / faingana

wet / dry
....
mando / maina

warm / cool
....
mafana / mangatsiaka

war / peace
....
ady / fahalemana

0	**1**	**2**
zero	one	two
aotra	iray	roa

3	**4**	**5**
three	four	five
telo	efatra	dimy

6	**7**	**8**
six	seven	eight
enina	fito	valo

9	**10**	**11**
nine	ten	eleven
sivy	folo	iraikambinifolo

12

twelve

roambinifolo

13

thirteen

teloambinifolo

14

fourteen

efatrambinifolo

15

fifteen

dimiambinifolo

16

sixteen

eninambinifolo

17

seventeen

fitoambinifolo

18

eighteen

valoambinifolo

19

nineteen

siviambinifolo

20

twenty

roapolo

100

hundred

zato

1.000

thousand

arivo

1.000.000

million

tapitrisa

English

Anglisy

American English

Anglisy amerikana

Chinese Mandarin

Fiteny sinoa mandarina

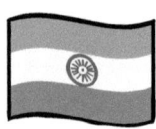

Hindi

Hindi

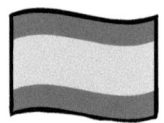

Spanish

Espaniola

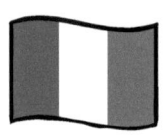

French

Frantsay

Arabic

Fiteny arabo

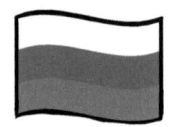

Russian

Fiteny rosiana

Portuguese

Portogey

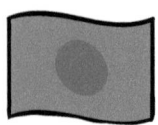

Bengali

Bengaly

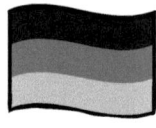

German

Alemà

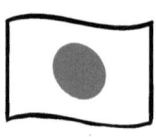

Japanese

Japoney

I
izaho

you
ianao

he / she / it
izy / io

we
isika

you
ianao

they
zareo

who?
iza?

what?
inona?

how?
ahoana?

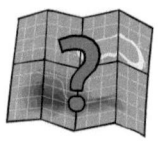

where?
aiza?

when?
oviana?

name
anarana

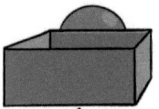

behind

aorina

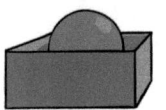

in

anaty

in front of

anoloana

over

any

on

ambony

under

ambany

beside

ankila

between

afovoany

place

toerana